星空夜語

耿培生 著

目次

星空夜語

一、旅途中與友對談

在一個秋高氣爽的季節，我與書畫會友，赴大陸東北五省市，參加書畫聯展與文化交流，為期半月之久。途中夜宿旅館，我與一位軍中退役，時常在一齊研習書畫好友汪仲民，共住一房，晚餐後在室內，望著窗外星空閒聊，起初我們只是談些旅途見聞，與奇人異事，然有次他突然問我說：你怎麼想到去當警察？

聽到他的問話，當時使我一楞！於是我在想，可能他對警察不滿，或有輕視之意。在沉靜之後，

對他說：實不瞞你，當初我也是最恨警察的。

他說：你為何最恨警察？

我說：記得小時候，父親被警察打傷並關了起來，經鄉紳作保始被放出，所以從此我即最恨警察。

他說：你如此恨警察，卻又為何去當了警察？

我說：這真是連我都很難相信的事實，你想知道原因，我就詳細說給你聽好了。

二、談我最初從警動機

抗戰勝利後，國共戰亂又起，我避難至青島市，在生活無著求職時，看到報紙刊登一則青島市警察訓練所的招生公告，並有一篇「建國必先建警」的文章。

內容云：警察是人民的保母，社會的導師，所做的都是除暴安良，打擊犯罪、維護社會安寧秩序等工作，可說是正義俠士的化身……。

我因自幼喜看武俠小說，最崇敬豪俠義士，因而改變了我對警察不良印象，並決意報考警察。

結果考取青島市警察訓練所第二期受訓，結業後，被派為青島市警察局、市南分局警士，從此投入警察行列。

他說：你做了這麼久警察，一定有很多重要的故事，說幾件與我聽聽如何！

我說：警察工作是很繁瑣的，同時有很多不屬於警察的臨時任務，真不知如何說起。你想聽，我就從最初在青島市的工作說起好了。

三、在青島市初嚐警察困境

青島市為國際聞名之大都市，最初由德國人開發成功，市容街道整潔，房屋一律紅瓦綠樹，依山傍海，風光之美，被譽為東方巴黎。市民中各國人口都有。

青島為重要軍港，當時有美軍太平洋艦隊、兩艘航空母艦停泊在此。市面上專作美軍生意之酒吧、舞廳林立，美軍士兵在酒吧、舞廳滋事者不斷。

因此，美軍憲兵時常駕吉普車至當地派出所，請求派警會同巡查。我曾多次被派與美軍憲兵巡查，但因美語不通而遭遇困難。幸酒吧、舞廳均有通譯人員，尚能達成任務。

但為解困，我即入美語夜校惡補，而後始能與憲兵溝通，但在會同巡查時，看到美軍憲兵常用橡膠棍毆打滋事之士兵時，則感到十分嚴厲。

我在會同所中同事巡邏時，在海邊發現漁船一隻，駛向航空母艦，因覺可疑，而埋伏觀察。

不久漁船自航空母艦邊駛回，立即上前盤查，發現船中滿載美軍物品，乃將船長送分局，以竊盜美艦軍用物品等移送法辦。

另外在服交通指揮勤務時，發生大貨車，將兩路人撞死一事，當時感到十分驚恐，乃立報分局，由刑事人員到現場處理，並通知遇難家屬處理善後，而結束此案。

除此在正常勤務中，尚有戶籍登記，「青島市戶籍由警察管理」，勤區查察等，可說每日都十分忙碌。

不久青島局勢緊張，我即撤退來台，結束了在青島市之警察工作。

他說：你到台灣怎麼又當了警察？台灣與大陸警察有何不同？

聽了他的連續問話，感到很難回答。

我說：你的問題太多也太大了，我實在很難一一回答，你如果想聽，我就說一下我到台的工作情形好了。

四、到台後的第一件工作

我是民國三十七年十一月入台，不久即到警務處報到。於三十八年一月，被派為花蓮縣警察局警員，局長派我在總務課工作。課長派我在文書股，負責文書管理等業務。因初次接觸此項工作，深感無所適從，好在這些工作都有專人在辦理，我只要認真督導即可。

其中最重要一項，為檔案管理，我到檔案室查看，發現只有工友一人在管理，試請其調閱一件公文，經很久才調出，感到十分不便，即建議課長另找專門人員管理，課長則要我找適當人員接替。受命後，我找到一位過去曾在檔案室工作過之舊有人員，由課長派為正式檔案管理員。

正式檔案管理員派定後，我即會同到縣政府檔案室，以及縣立圖書館，參觀借鏡，對警局檔案，編訂類、綱、目、節等，順利整編完成，使公文調閱，達到便利迅速之要求。

不久，警務處新上任之處長，陶一珊將軍，到花蓮縣警局視察。第一件事即要局長調閱其到任通令公文，檔案室立即調出呈閱，使處長非常滿意。

至此我對文書及檔案管理改善，已有了交代，然我不願久耐文書管理工作，請調外勤單位。局長派我到吉安分局，分局長派我在戶口組工作，然仍是分局內勤，我雖心有不願，但也只有受命盡職去作。

我在吉安分局，卻也意想不到，獲得莫大幸遇，即結識了我的終身伴侶，雖在交往中，遭遇種種困難，卻也是最珍貴的回憶。

我妻黃富美，是吉安分局正式雇員，每週擔任讀訓。因其國語標準，端莊大方，使我深為仰慕。同時其書法工整，我之公文多由其繕寫，因而接觸頻繁，產生情感。

她第一次邀我到其家中時，竟被其兄拿棍棒追打，幸被其母喝止，並將棍棒奪下。但其兄則說，父親臨終要妹妹不嫁外省人，今妹妹帶外省人來家，我一定將他打出去。

其母則訓斥其兄說，妹妹的事不要你管，你看不慣就不要住在家中好了。

其兄一氣之下，竟連夜帶其妻以及子女，搬往其妻娘家居住，則使我感到十分為難。

由於其母之愛護，我們很快步入禮堂。但我因不斷調動之故，使我妻為看顧子女，竟辭去工作，而跟我受苦。

不久又調花蓮市分局，花蓮港水上派出所主管。

花蓮港為台灣東部之最大海港，港口可容納五千噸以下之客貨輪進出。並設有漁港碼頭，漁船不准在客貨輪港區進出，及裝卸漁貨，違者嚴罰。

船泊進出港管制，由警總花蓮港聯檢處負責。水上派出所則配合執行客貨輪查驗，及清艙等工作。

港區治安維護，乃由聯檢處軍官，與本所員警，共同巡邏查察。

五、在水上派出所首次之驚險事件

有次警員在港區巡邏，發現漁船在客貨輪港區卸漁貨，即上前制止，漁船船長則上岸請警員放過，警員不允，船長竟將警員推落海堤。

時在落潮，岸邊盡是石塊，警員被推落後，臉部、胸部都被石塊碰傷，流血不止。

當時停泊在一旁之海軍砲艇哨兵看到，即大聲喝止，砲艇艇長亦看到，乃命士兵將警員救起，並將船長押送派出所。

我看到受傷警員，及押送之漁船船長，乃問明原因，除向士兵道謝外，並要警員寫書面報告，另指示其他警員對船長製作偵訊筆錄。

當警員訊問船長為何將警員推落海堤時，船長則矯辯說，他是看到警員喝醉酒站不穩，想去拉他沒有拉住，是他自已掉下去的。受傷警員聽到船長之矯辯後，即大聲說，你撒謊，並拔出手槍朝船長頭打去，船長頭部立刻被打破血流滿面。

時船長兒子看到，手執漁具要砍警員，警員則將槍上膛要朝船長開槍。

我即大聲喝止，要警員不要衝動，並安慰說，我絕對不使你受委屈，快把槍交予我，警員始兩眼流淚，並慢慢將槍交出。

至此我始鬆了口氣，但事後一想，卻直冒冷汗，要不是我與警員相處尚佳，說不定即有生命之虞！

在此我要說一下警員來歷，他是陸軍官校畢業，勝利後由軍轉警，曾作過縣級警察大隊長等職，大陸淪陷，退至香港調景嶺避難，申請來台志願充警員，可說已夠委屈，我因此對其十分敬重，所以這次，在其情緒如此激動之下，始能將其說服化險為夷。

此時海軍砲艇艇長亦在派出所觀看，我即請艇長由其哨兵，寫一份目擊漁船船長，將警員推落海堤之書面證明。

艇長立要哨兵寫出，作為有力證據。

此時派出所外，已是人山人海，因漁船船長，乃港口之風雲人物，為漁船碼頭之老大，所以很多人都來關心圍觀。

不久縣議會議長、議員、報社社長等，都齊到派出所關說。

首先議長即向我說，這次漁船船長實在太無法無天，竟大膽將警員推落海堤受傷，真是不可原諒。不過請所長念其初犯，從寬予以和解處理，使其有改過自新之機會。

我見議長、報社社長等，都很關心船長及其家人，同時警員用槍將船長頭部打破，更是一大禍事，當然和解最為有利。

我乃對議長說，此事當事人為警員，必須其本人首肯始有可能和解。

議長則說，只要警員答允，警員受傷醫藥費，全由船長負擔，並向警員當面道歉，打傷船長之事亦不追究，漁船違規亦接受處罰。

我聽議長提出之條件非常有利，乃對議長說，請等我對警員溝通後，再答覆大家。

接著我立即將警員招到後面，向其分析，船長為妨害公務及傷害罪，警員亦為傷害及執法過當罰，如移送法辦，則對警察不利，如被報紙刊載，將是渲染大波，影響警譽至大。

警員聽我分析後，即說只要和解有利，請主管作主好了。

取得警員同意後，即告知議長說警員已同意和解。

議長立即帶船長至警員面前道歉，並云醫藥費由船長全部負擔，打傷船長之事不予追究，並由兩人簽定和解書，併案處理。

本案和解後，我即向報社社長云，如果此案在報紙報導，和解即不成立，社長則一口保證絕不會見報。

但此案報分局後，刑事組長則不准和解，並要立即移送，我即向分局長報告，分局長亦同意和解，並要我不要移送，待向局長報告後再處理。

不久接分局長電話云，局長指示本案必須和解處理，不必再移送。

在總局動員大會中，局長劉清池指示，花蓮港水上派出所，所發生漁船船長將警員推落海堤受傷，警員又在派出所用槍將船長頭部打破，可說非法對非法，不和也得和。否則必讓整個警察聲譽受損，水上派出所對本案之處理，我認為十分妥善。各單位不得再有異議。

至此我始心定，並感謝局長對本案處理之肯定。

朋友則說：想不到一個小派出所會有這麼大麻煩。

我說：水上派出所只是一個單純的港口，如在市區，則麻煩更大，不久我又被調到新城分局新城派出所主管。

六、在新城派出所遭遇之執法困境

我調新城分局新城派出所主管時，正值開闢橫貫公路，轄內有橫貫公路合流工程處，處長乃少將退役，處內主管亦皆為退役之上中校，在觀念上有對警察不理會之心態，對警員通知轄區治安維護與流動人口登記等，亦均置之不理。我到職後，發現深夜，不時有工程處退役人員，在飯店喝酒鬧事，派出所警察都不過問。問他們為何不取締，則答因他們都是退役軍人，怕起衝突，所以不予理會。

因有民眾不滿深夜退役軍人喝酒滋事，有向派出所報案者，我即向分局長報告，此種情況要不要取締。

分局長指示，派出所對轄內違法事項，均應依法認真執行。

受到分局長之明確指示，我即派警員至合流工程處，請其處內外來人口，速報流動人口登記，並約束其員工，不可在深夜喝酒鬧事。

然警員通知後，對方仍不理會。我即集合所中警員，深夜對工程處所租之民房，實施戶口臨檢，查獲三十餘人未報流動人口，乃全部帶所；再在工程處所租民房內，發現門窗大開、燈火通明，桌上擺滿工程圖，屋內卻無一人，四下搜尋亦不見人影，乃將工程圖全部帶所，並以無主物通告招領。

臨檢結束回所後，即接分局長電話，云合流工程處處長至分局，請求將未報流動人口人員放回，願接受處罰，並請將其處內工程圖發還，已答覆其乃派出所執行，未報分局，已請其到派出所接洽。

在查獲未報流動人口中，發現有通緝犯兩人，立報分局移送法辦，其餘報分局，以罰鍰處分釋放。

此時工程處處長到所，我告知在其處內未報流動人口中，有通緝犯兩人，已移送法辦，其餘由分局以罰鍰處分全部釋回，但工程圖乃在無人之空屋內檢獲，請由工程處出據證明領回。

工程處處長聽到我之說明後，則匆匆離去，相隔數日亦不見來領。

我即著警員通知，如再不領，即函請其總工程處查明認領。

至此工程處始派職員一人到所稱，處長已向上級請示，答覆後立即來領。

工程處職員離去不久，即接分局通知，參加臨時會報，我到分局後，分局長即向我介紹國安局人員。並云：有一重要逃犯，上校退役，在合流工程處藏匿，要我配合逮捕。

當國安人員將逃犯相片出示後，則使我大吃一驚，這人不就是剛才到所要領工程圖之職員嗎！

我即告知國安人員，因工程處之辦公處所很分散，如一一查尋將使其逃逸。因該逃犯剛到過派出所，接洽領工程圖事，我以分局長同意發還為由，請工程處通知該職員來領取，當不使其懷疑前來，如怕中途逃脫，可請國安及分局人員，沿途秘密監視。

國安人員同意後，我即到工程處，指名找該職員，請其一同到分局領回工程圖。

工程處人員立即將該職員找到，該職員一聽是領回工程圖事，即很高興的與我一同到分局。

到達分局後，國安人員立即將其上銬，該職員即朝我破口大罵。因奉命執行，只有忍耐，國安人員立即將該逃犯專機帶走。

工程處處長聞知其處內人員如此複雜後，即到派出所道謝，並云過去有很多疏失之處，今後定當認真辦理。

朋友則說：看來你還真是一個認真執法的警察。不過你也太不顧自己的安危了。

我說：這是警察該做的事，就是有危險也一定要做。

他說：聽你的經過，使我非常感動，你一定有比這更刺激的故事，再多說幾件，讓我聽聽如何！

我說：我的經過當然不止如此，同時並有冒生命危險之事件。你想聽我就再說給你聽好了。

七、銷毀日人遺留炸藥差點送命

不久我又調總局第二課，承辦保安業務。時有爆炸案件發生，追查炸藥來源，乃由東部發電所中，日人遺留之工程用炸藥流出。省府建設廳，派技士、技正兩人，至花蓮警局，請派警協助、檢查發電所內日人遺留炸藥並就地銷毀。課長派我會同檢查。

首先在初音發電所，查獲硝甘炸藥五百餘條，以及雷管等，乃運至木瓜溪邊，以點火方式銷毀。由我將火把拋入炸藥堆，立即冒起一團火煙，有如原子雲般，直沖雲霄，使大家驚嘆不已。

第二天至立霧發電所，查獲黑色炸藥七大桶，每桶五十餘公斤，由發電所運往立霧溪海口邊，仍以點火方式，由我將火把丟入炸藥堆，然一聲巨響，一陣暴風將我吹倒，並昏迷過去。

爆炸過後，其他人將我救醒，發現海邊已被炸出一個十餘公尺深之大坑，炸飛之海邊石塊，竟將數公里外的原住民之門窗擊破，引起原住民之驚恐，齊到三棧派出所要求追查肇事者，並要求損害賠償。

此事經報總局，以及縣政府，乃立刻派員至現場，安撫原住民情緒，並解說，係因政府所派銷毀日人炸藥人員，無處理爆炸物之經驗，始造成大禍，現已停止他們之工作。但這次他們在爆炸中沒有丟掉性命，已是萬幸，請不必再予追究，對原住民所受之損害，縣政府全部負責修復及賠償，至此始將事件平息。

朋友說：你這次大難不死，將來必定會有後福。我說：能脫過此次大難已是萬幸，還想什麼後福。

隨後我又調南投縣警察局，總局則派我在山地仁愛分局作查勤巡官。

八、山地派出所查勤之不易

仁愛分局所轄之仁愛鄉，全為山地原住民，其全鄉面積比彰化縣面積還大，但大部為高山峻嶺。

山地派出所，多為日據時期所建，派出所主管及警員，大都為原住民警察。派出所均設在原住民部落。

我第一次到派出所查勤，因山路高低曲折難尋，由山青隊員帶路，始能找到派出所。同時要通過好多高山吊橋，因吊橋自日人遺留後，從未維修，中間之木板多破損和掉落，通過時，必須兩手攀爬始能通過，如稍有不慎，即有掉落百餘公尺深谷之虞，性命難保。

我這樣跋山越嶺查勤不久，又派為霧社派出所主管。

九、所處之入山管制事項

戒嚴期間，實施入山管制，一般軍公教及民眾，必須請領入山許可證，始准進入山地。各山地派出所，均設有入山管制哨，哨長由派出所主管兼任。執行檢查管制，則由警總派現職軍官，與派出所員警配合執行。

有次，霧社電源保護站主任，到派出所請求，云其電力公司總經理，孫運璿，至霧社萬大水霸，視察施工情形，因不明規定，未辦入山許可證，被檢查哨阻擋不准進入，請准先放行，再補辦入山許可證。

因入山管制有規定，如遇政府高級官員，因要公急需進入山地。未及時辦入山許可證者，可由哨長准許先行入山然後再補辦許可證。

因有此規定，我即親自陪同保護站主任，至萬大檢查哨，通知放行。受到孫總經理之道謝，並相邀赴萬大水壩參觀。

萬大水壩在當時，乃遠東高一百餘公尺之第一大水壩，其工程之浩大，為國內所首創。水庫之儲水量，不但可供日月潭發電所全年之用，並可調節日月潭枯水之需，其大壩之重要，則不言可喻。再如國大代表、立法委員等，亦時有未辦入山證受阻情形，也必須親自通知放行。

十、疏導見晴農場原住民抗爭事件

有退除役官兵輔導會上校楊武，至派出所云，南投縣政府，將日人遺留之霧社見晴畜牧場，撥與退輔會，作為安置榮民開墾之用，並將公文出示。

我告知此事為鄉公所主管，並陪同至鄉公所，請鄉長辦理，鄉長立召課室主管，與我陪同楊上校，至見晴畜牧場查看，但到現場時，竟發現大群原住民聚集，並抗議不准將牧場移交。

因此事發生只有鄉公所人員知悉，為何在如此短時間，即有大批原住民知悉，並集結抗議，我即要警員向原住民查詢，據告知，乃代表會主席通知。

經查該代表會女主席，為平地人，曾被日人征赴南洋充護士，戰後回台，為在山地居住，與原住民辦假收養，取得原住民戶籍。因其日語流利，通曉部分當地原住民語言，因而受到原住民之信賴，而當選代表會主席。

我了解此情形後，即要警員通知該女主席到派出所，首先我告誡其，發動原住民抗爭，有違犯戒嚴法刑責，同時請楊上校向代表主席說明，輔導會接收見晴畜牧場之實際情形。

楊上校乃說：牧場接收後，不但可安置榮民開墾，並可增加原住民就業機會，在農牧業生產方面，可獲得協助。改良農產品增加收益，實為改善原住民生活，最有幫助之事。

我即告訴代表會主席說，你告訴他們抗爭，實在是斷送他們幸福，如真想幫助他們，就趕快去通知他們解散。

代表會主席乃立即向楊上校道歉，並匆匆趕赴現場，通知原住民全部解散。

輔導會人員到牧場接收時，原住民並協助圍籬除草，輔導會亦將他們僱為臨時工，可說皆大歡喜。

朋友則說：看來你對處理群眾事件，還真有一套，能使雙方都接受滿意，真是不容易。

我說：這只是個小群眾事故，如果是大的群眾事件，則非我之所能，恐怕只有高層動用大批警力始能處理。

見晴牧場接收後，不久主任委員蔣經國、副主任委員趙聚玉等，亦到牧場視察，我第一次見到蔣主任時，他親切和藹的言行，使我深為感動，因他已知我對牧場接收時之處理經過，則對我說，你很熱心，以後要多為老百姓服務，這些話，我迄今難忘。

十一、協助滇越接運來台官兵安置事宜

大陸淪陷，撤退至滇越邊區國軍部隊，由政府分批接運來台，一批安置在見晴榮民農場，第一站在霧社農校暫住，由派出所負責

安全維護，然部分苗族女眷仍保有原始山地習慣，隨意在校舍前，及路邊大小便，招致村民不滿，警察只有向村民善加勸導，好在不久即全部運送至見晴農場，而結束此一難處場面。

朋友說：山地警察工作應該是很單純的，想不到會有如此多奇情怪事。

我說：山地生活雖單純，但並不表示工作單純，有時困難比平地還多，不妨說幾件我在山地所做的危險工作，讓你也緊張一下。

十二、山地森林救火之可怕

當我第一次參加山地森林救火時，發現滿山一片火海，而感到十分壯觀，難得一見，但大火突燒至眼前時，則立覺十分危急，幸原住民救火隊員，立即開闢防火巷，並點火向大火方向對燒，始免被大火包圍陷入火海，實在可怕之極！像此種救火方式，平地是很難見到的。

十三、深山探查之冒險

接總局電話，據報在霧社與台中交界深山，有武裝份子出沒，速入山探查回報。

我即帶警員兩人、山青一人，進入山區，在到達合歡山與台中交界之深山時，已是林深嶺峻，雲霧瀰漫，在山中繞來繞去，仍回到原點。大家已知迷路，雖天在正午，但四周已一片昏暗，於是大家緊張，都盼趕快下山。

然山中方向難辨，找不到出路，再加不時聽到山中野獸之吼叫聲，使大家更加恐懼！

在無計可施時，我想到如果順溪流下山，必可到達平地，乃令山青爬至高樹，尋找溪流位置，立率大家朝溪流奔去，然遇到數處斷崖，乃用繩索攀爬而下。

順溪流到達平地溪邊時，則發現好多雨傘節毒蛇，在溪邊捕食青蛙。山青說：如被雨傘節毒蛇咬到，四小時即可致命。

為避免大家被毒蛇咬到，我即率先用竹桿將毒蛇打走，俟溪面全無毒蛇時，才身先率大家過溪。

如是通過數條溪流，於次日八時許，始回到派出所，乃立向總局報告，探查結果，並未發現武裝份子痕跡。

十四、山地救災之困難

以八七水災為例，霧社至埔里之唯一公路，被暴雨沖毀多處，山中糧食斷絕，乃請上級派直昇機運送食品補給，並發動村民搶修公路，經十餘天之努力，始將公路搶通，而解山地斷糧之危。

再在合歡山三千兩百公尺高之中央電台，亦斷糧。由美軍直昇機運糧補給。因天雨視線不良，降落時飛機失事，除直昇機損壞外，人員只受輕傷，總局通知前往搶救。

我即率警，並請天主教美籍神父一同前往。時大雨不停，山中並下冰雹，我之外套竟變為盔甲，到達山頂出事現場後，立將美軍人員，帶至本所三千兩百公尺高之駐在所，引火取暖。

我帶去之麵包餅乾，美軍都不敢吃，只有美籍神父所帶之維他命，他們才敢吃。

次日一早，我即帶美軍下山，步行至埔里，時國軍外事處人員已在迎接，立搭直昇機飛回其原單位。

朋友說：看來山地救災真不容易，你們真是太辛苦了，只有你們警察，才能及時解救民眾之苦難。

我說：警察的力量實在太小了，亦時有力不從心之遭遇，當然也會有招致民眾不滿之情事。

十五、查辦邪教詐騙入山昇仙案

一群老年婦孺，以到霧社蘆山溫泉為由，竟於深夜，進入合歡山頂，由邪教傳導師引導，云在此山頂向空中祭拜，即可平地昇仙，進入天宮。

然合歡山夜晚太冷，有數位年老婦人已被凍昏，而發生危險，其他人急將她們背下山，向派出所求救。

我見被凍昏之老婦有生命危險，立請衛生所人員急救，並將邪教之傳導師，以詐欺及危害他人生命等罪，移送法辦，對盲從人員，予以告誡後，命其速搭車回家，而結束此案。

十六、受聘擔任後備軍人輔導組工作

南投團管區司令到派出所，要我擔任仁愛鄉後備軍人輔導組長，我因不了解工作性質，乃拒絕擔任。

司令又到分局，請分局長同意由我擔任，亦遭分局長拒絕。司令則云，後備軍人輔導，與動員召集有關，且對警察工作有益，平地已有很多警察人員擔任，分局長乃答允，在不影響警察正常工作下，由我擔任。

在山地退伍之後備軍人中，多在入伍前都是山青隊員，彼等對協助維護山地治安早有認知。如發現不法份子及逃兵等潛入山地，都能及時向派出所報告，並有主動捕送派出所者，可說為警察之得力助手。

十七、患急性盲腸炎差點送命

一天我在派出所工作，突然腹痛如絞，立到衛生所檢查，主任說是肚內有蛔蟲，立予我服蛔蟲藥，服藥後腹痛更烈，並陷昏迷。

妻見我十分危險，乃請用分局吉普車，送埔里榮民醫院急救，醫生診斷後，說是急性盲腸炎，並快要穿孔，再兩小時即變腹膜炎，有生命危險！

醫生乃立即予我開刀，由於其手術精湛，開刀十分順利，第二天即將我轉入門診病房。

時我妻帶三歲小女到病房看顧，因購需用物品外出，要小女在我身邊作伴。然不一會兒小女不見，問護士都說沒有看到，我一著急，立從病床爬起，跑向大街小巷尋找，並向埔里派出所報案。派出所同仁亦協助四下尋找。

不久我在一處小廣場發現小女，小女看到我，立即哭著跑向我，我即抱起小女趕回診所。

此時醫生已在我病床前等候，一看到我，即見我腰下及兩褲管都是血水，這時我也發現褲管全濕，立感恐懼不已，怕傷口可能惡化。

然醫生則說，太好了，你開刀後，傷口的血水都流出來了，這樣可使傷口提早癒合，否則要等血水全乾後才能拆線。

第三天，醫生即為我拆線，第四天即要我辦理出院，並說我是盲腸開刀中最快出院的一位，同時告知，因我的盲腸已腫大，醫院已製為標本，作研究之用。

不久我又調埔里分局，擔任查勤巡官，結束了在霧社之山地工作。

朋友說：聽你在霧社之山地工作經過，在如此多怪事中，你都能將他們妥善處理掉，實在是很不容易。

我說：事情是處理過了，但不能說沒有缺失之處，所以事後仍時常省思不已。

在埔里作查勤工作，是我最輕鬆之一段時間，然輕鬆不久，又派為集集分局集集派出所主管。

十八、查處林場流氓圍標事件

集集為南投縣林業重鎮，轄內有巒大山林管處。該處每年都有一次林班砍伐業務。每次招標，全省流氓都聚集林管處圍標。

我到職後，正趕上林管處招標。此次招標乃新上任之處長，為少將退役。第一次舉辦招標，竟發現處內有上百人聚集，立召安全主任查詢，主任云，場內所聚集群眾，非投標者，多為圍標份子。處長即要主任向派出所報案，派警取締，主任則云，過去報案皆答此乃林場內部事，不便派警取締。

處長則自己打電話到派出所，直接找所長接電話，我接電話後，彼即說，我是林管處新任處長，現在林管處招標，場內有上百不明群眾聚集，影響本處安全，請速派員取締。並云，聽處內人員講，過去請派出所取締都不理會，這次再不理會，我即向你們上級提告。

我接電話後，認為十分嚴重，乃立向分局長報告，分局長亦新到任，不了解過去情形，但受到林管處之指責，則感十分難看，乃命我盡速帶警前往取締。

我到林管處後，果然發現上百人在林管處廣場聚集，我即請林管處人員會同，查看有持開標通知單者，放其進入開標會場，其餘人員則由警員索閱身分證，並列冊登記。請林管處派大交通車，全部帶往派出所，請分局刑事組協助偵辦，並請全部裁處拘留。

刑事組長以人數太多，拘留所不能容納為由，請分局長予以告誡，下次再犯必定嚴罰後釋放。

自此次取締後，林場即再無圍標情事發生，林管處長特向分局長致謝，我亦改正了警察不管事之誤會。

十九、取締邪教危害社會

一般婦女對宗教信仰過於迷信，並對正邪分辨不清，一旦輕信加入，便會受制，而不能脫離，影響家庭與夫妻感情至鉅。

在我派出所中，即有兩警員太太，因加入鴨蛋教之故，竟將丈夫視為陌路，不與之講話，並對家庭生活不顧，子女上學亦不管，每天只有秘密參加邪教聚會，影響兩警員工作情緒甚大。

我發現兩警員出問題後，即向其他警員詢問。據告知係兩警員太太參加鴨蛋教之故。我即要警員秘密跟蹤兩警員太太，在發現聚會地點後，即對該秘教實施臨檢，當場查獲拜教婦女二十餘人，並將傳教師帶所，經偵訊後，據悉凡信徒入教必先宣誓，不准洩露教中秘密，就連家人亦不准告知，否則即受天打雷劈，並要信徒在誓詞蓋指紋，然後燒成灰，泡在茶水中，命信徒喝下。因而使信徒恐懼，不敢對家人說。

我查知此情形後，即將傳教師，以恐嚇、詐欺、妨害他人自由等罪移送法辦。

傳教師被移送法辦後，所有信徒始獲解脫。我所中兩警員太太，亦如大夢初醒，恢復了以往之快樂生活，兩警員特別向我道謝，救出了兩人太太。

朋友說：看來你真的非常愛護部下。

我說：這不是只有我所警員太太受害，其他受騙婦女之家庭，恐痛苦更大，只是因受制恐懼，不敢出聲而已，由此可見，邪教對社會危害之大，若不取締，實在有愧職守。

二十、我作了一次抗命傻事

有一年，當稻穀成熟時，連日陰雨不停，稻穀都泡在水中發芽，一遇天晴，民眾即趕忙搶救曬穀。

集集有由台中至日月潭之柏油公路，乃總統往日月潭之警衛路線，應經常保持暢通。

有天雨停日出，集集縣議員、代表主席、村里長等多人，齊到派出所，請求開放道路之一半，由農民搶救曬穀，因係警衛路線，我不敢答應，議員等則說，如遇總統車通過，我們先收起，車過後再曬，我說上級命令很嚴，我實在無權答應。

然一里長突然大聲說，你看看，並將手中一大把發芽稻穀送到我面前說：你看稻穀都發芽了，再不搶救就全泡湯了，到此不但我們老百姓挨餓，恐怕你們軍公教也是一樣！

我看過發芽之稻穀，及聽里長之激烈言詞後，覺得的確非常緊急，乃回答說：既如此重要，你們就去曬吧，不過總統車通過時，你們要趕快先收起，車過後再曬。

議員等始歡欣離去，但所中同事都說，主管如此答應他們，恐怕要遭受處罰。

果然，不久即接總局電話，說我准許農民在警衛路線曬穀，違反命令，應馬上取締。

我向總局說：總統車通過時，農民會先很快將稻穀收起，不會影響通行。

總局則指責說：你不應該答應他們，如此重要的道路你竟這樣不負責任，應立刻盡速取締。

我說：已經答應他們，我不能失信。

總局則大聲說：你是在違抗命令，如不趕快取締，即予嚴厲處分。

我說：這次農民稻穀發芽，實在太嚴重了，應該予以同情放寬。

然稻穀發芽，全省農民都在著急，已有很多單位向省府陳情，省政府乃通令，全省各機關學校之大操場，全部開放，由農民搶救曬穀。

總統府侍衛室，亦通知，集集線農民曬穀不予取締，始使我鬆了口氣，並為農民稱慶。

二十一、處理五人撞死之大車禍

集集為木材搬運之重要公路，每日由林場搬運巨木之大貨車穿梭不斷，一天有彰化縣進香團，二十餘人，亦乘貨車至集集，與木材車相撞。車上五人被撞死，一人頭被巨木削去一半。

肇事司機見闖大禍後，乃駕車逃入集集其木材場，棄車逃亡。被撞之進香團貨車，亦緊追進入其木材場，將屍體擺放在場內，齊向派出所報案，我以肇事地點在其他所轄區，乃報請由分局處理，分局長則指示由我處理。

我即要警員通知木材場老闆，帶肇事司機到所，然木材老闆竟帶縣議員前來，並云司機逃亡不知去向。

死者家屬見老闆出面，即要求將司機交出，並要老闆為死者辦理善後，及提出巨額賠償。

老闆以屍體擺在其場內，甚為不吉利，要我向死者家屬請求先將屍體搬走，然家屬堅持不允。

我即向議員及老闆說，為安撫死者家屬情緒，老闆應先在場內設香案，向亡靈祭拜，並先發部分慰問金，處理當會順利，老闆乃立即照辦。

家屬見老闆向亡靈祭拜，並發慰問金後，情緒即趨緩和，但卻堅持索取巨額賠償。

為協調賠償金問題，雙方爭執不下，經連夜之討價還價，最後乃達成協議，由老闆先發部分賠償金，餘款並限期償清，始令家屬滿意，而達成和解，將屍體搬走。

我亦將此事及肇事司機一併報分局法辦。

朋友說：處理這麼大的死亡車禍，很是少見，你能圓滿處理好，真的需要有忍力。

我說：處理這種死亡車禍，心中並不好受，尤其是對死者家屬，與肇事者之間，怎樣取得妥協和諒解，更是不可預料。

二十二、取締職業賭場

有一婦人到派出所向我哭訴，說其丈夫嗜賭，將家中房地產契約都輸掉，賭場到家迫令交屋交錢，使全家痛苦不已，並說賭場是流氓詐賭，請求取締，並將其房地產契約討回。

聽婦人哭訴後，即召管區警員查詢，據答確有此賭場，並取締多次加以處罰。惟該賭場甚為警覺，不時更換場地，所以很難取締。

我聽管區警員說明後，即帶備勤警員，著便服至報案婦人家訪問，請其秘密指示賭場地址，並請其在發現賭場聚賭時，直接向我通報。

然婦人卻說，聽說每次賭場開始時，即有流氓在派出所對面監視，發現大批警察朝賭場方向出發時，即電話通知賭場解散。

我聽婦人之信息後，深覺此賭場甚為可惡，絕意徹底取締。

一天夜晚，接該婦人電話，云賭場現已開始聚賭，賭場就在其指示之地址。

我即通知警員在派出所前集合，果然發現派出所對面，有一可疑份子在探視，我帶隊朝賭場相反方向出發，在到達村口時，再召大棚貨車直向賭場駛去，到達賭場時無人警覺，乃一舉將賭場聚賭人員，與主持人等，全部查獲，一齊帶所偵辦。

經偵訊後，將現場查獲之賭資、賭具、帳冊，及借據、房地產契約等全部列冊，並通知賭輸受騙者及家屬到所，由賭場主持人，將房地產契約等，發還受詐騙人，並由受騙人寫領回收據全部併案報分局，以詐欺、賭博等罪移送法辦。

此職業賭場破獲後，受到民眾之普遍稱慶，然卻招致賭場保鏢之不滿，並在電話中恐嚇，要我吃子彈，我即要管區警員查出該流氓地址，逮捕其送流氓管訓。

該流氓聞風後，即連夜逃出集集，以迄我調離都不敢回家，也對集集民眾減少了威脅。

朋友說：你能對職業賭場如此認真取締，的確救了不少人，而對流氓威脅直接打擊，也真夠有膽量。

我說：警察如怕事，則執法寸步難行，這些都是司空見慣之事，實不值得稱讚。

不久我又被調為竹山分局、鹿谷分駐所所長。

二十三、取締盜伐林木害蟲

鹿谷鄉，為台大實驗林，溪頭林管區之觀光勝地，也是盛產孟宗竹、冬筍，與舉世聞名之凍頂烏龍茶產地。

居民生活富足，民風淳樸，但很保守。據說鹿谷之老年人，一生未離開本鄉，未見過火車與大海者甚多，他們生於此，樂於此，可說幸福之至。

然亦有部分不良份子，與宵小在地方興風作浪，使得居民不得安寧。

我到鹿谷後，即有民眾報案，說有一婦人，常到其林地盜採林木及竹筍，但又不敢阻止，否則即將其竹林及竹筍坎壞，請派員取締。

我即向警員詢問，據稱該婦人為鹿谷鄉民最痛恨之人物，不但本所轄區，其他各所民眾都怕她。

我問為何怕她，警員云，有次鄰所據報，該婦人盜採他人竹筍，即派警取締，然該婦人竟脫光衣服，告警員強姦，雖法院未起訴，但一般人都怕她以此種手段告人，所以都不敢阻止她。

我聽過該婦人之惡行後，覺得太過橫行，乃告訴警員，在取締該婦人盜採竹木時，攜帶照相機，如該婦人脫光衣服時，立即拍照，以妨害風化罪法辦。

該婦人在聽到我取締她之方法時，自知已不能再以此種伎倆害人，怕被抓到，乃連夜匆匆搬出鹿谷鄉，從此消失無蹤。

鹿谷鄉民，聽到該婦人怕我用此種方法抓她，偷偷逃走後，都覺心安，而紛紛對分駐所感謝。

鹿谷鄉民代表會，亦在大會中提案，對本所除去鄉民大害之事而加以表揚，並推代表會主席率代表，及村里長向本所致謝，實在使本所深不敢當，但由此可看出，該婦人對民眾為害之大。

朋友則說：看不到你還會用不戰而屈人之兵的手段，來打擊犯罪。

我說：這只是碰巧，遇上此膽小鬼，否則恐怕要多費點功夫。

二十四、偵破煤礦炸藥失竊案

有煤礦老闆報案，稱其開礦用的炸藥兩箱失竊，請求查緝。

據報後，即派警至礦場附近調查，據村民告知，曾發現有一林班工人，多次在礦場前走動，經查出該工人姓名後，即連夜至其家中搜查，結果查獲失竊之炸藥兩箱，然其本人已去信義鄉林班工作。

為迅速將其逮捕，經請林場老闆派工人帶路前往，由我帶警員兩人，從溪頭營林區，穿越兩千餘公尺高之大山，經一天一夜之攀登，始到達信義鄉深山林班，時竊犯正在伐木，乃立將其逮捕，仍循原山路帶回，經偵訊坦承竊盜炸藥不韙，乃報分局移送法辦。

二十五、偵破擄人詐騙案

有民眾到所報案，云其女右眼失明，有兩人自稱為台北榮民醫院眼科主任，可將其女右眼醫好，即信以為真，帶兩人至鹿谷國中，將女兒叫出，由兩人帶走，兩人並云須先交醫藥費九千元，亦如數交付，然兩人將其女帶走後，即下落不明，請求查尋。

在同一時間，鹿谷國中校長，亦到所報稱，其校中女生一人，被兩不明人士帶走，迄今仍未返校，請求查尋。

因兩人同時報案，研判其女被拐走，再問其女之父在何處將九千元交予兩人，云在台中旅館，問其有無到旅館去查問，云旅館說兩人已離去。

我即將此案報分局，分局長指示，由刑事組派員協助偵辦。

我即會同刑警隊員，帶女生之父，到台中原住旅館查問，據答該兩人與女生，已轉往台中美都大飯店，我即再到美都大飯店查問，據答確住其房中，並帶領到所住房間查看，發現只有女生在房內，另兩人不在，問兩人去向，據答去歌廳表演。

我即與刑警及其父，在房內等候，待兩人回飯店後，立將兩人逮捕帶回，經偵訊後，由分局移送法辦。

此案破獲後，中央、新生等報均有刊載，國民黨中央黨部見報後，立刻到女生家中訪問，並答允免費將女生右眼醫好，受到民眾之普遍讚揚。

朋友說：你不但將詐騙案偵破，並使右眼失明之女生，獲得免費醫好之援助，可說是善事一件。

我說：這是國民黨之善舉，我哪能有此心力。

二十六、突被調新成立之航空警察所工作

有天我到竹林派出所查勤，返所後警員告知，接總局人事室電話，要所長到新成立之台北國際機場，航空警察所報到。

因事出突然，不知因何被調，乃向人事室查詢，人事室云，警政署配合交通部民用航空局，成立台北國際機場航空警察所，初期選調業務人員，全省只有十人，所長被選取，通知迅速報到。

我聽人事室說明後，自思調台北後對環境家庭生活等影響很大，恐不能適應，乃請求免調，人事室則答，須向局長報告後再告知。

然第二天一早，局長王耀臨，即親到分駐所，向我指示說：這

次警政署選拔調用新成立航空警察所人員，條件非常嚴格，你被選中，是我們南投警局之榮譽，你不能拒絕，並要你明天先行報到，你必須明天一早搭車往台北航空警察所報到。

我聽局長如此嚴厲之指示，拒絕已不可能，只有奉命次日一早搭車赴台北，到台北機場航空警察所時，見門前站著一位著西裝中年，我一到門前，即問我你是來報到的嗎？我說是，彼即說：你到二樓人事室報到好了。

我到人事室報到後，人事佐理員即帶我面見所長，一看這不就是剛才門前所見之人！所長則笑著對我說：我們見過面了，你到第一課服務好了。

我又到第一課報到，課長則派我承辦一般行政、交通、政俗、勤務規劃等業務。

經請教人事人員告知，所長金澤瀛係由台北市警察局分局長調任，課長尹超民，亦由台北市警局調用。我與兩位長官都是初次見面，對過去一無所知，同時想到，台北市警察精英甚多不去調用，反將如我這樣愚笨的鄉下警察調來服務，不知是何用意，心中忐忑不已。

然此時，正值台北國際機場交通秩序大亂，計程車拒載短程，中途趕乘客下車，侵佔旅客行李，繞道多跑里程收費等惡行，以及應召女郎，與旅館黃牛在機場拉客等不法行為。受到國內外媒體，大肆渲染報導，影響國家聲譽至大，為迅速改善此種不良風氣，乃有迅速成立航空警所之設置。

然以上各項急速改善業務，都是我所承辦，立覺實難承擔，乃請課長及所長，另派有經驗之同事接辦。所長則安慰我說，不要怕，你只要用心去看、去想，一定會找出改善辦法，這些亂象不是一天造成，不要急，多用點腦筋，認真去辦好了。

我知再怎麼請求已是無用，只有埋頭去想，並到現場實地查看，找出發生之原因，然後研討改善之對策。

經實地勘查很久後，乃草擬出下列各項改革腹案

(一)對改善機場交通秩序混亂方面

因台北國際機場內，並無專責交通整理之警員，所以各種車輛，一進入機場入口，即像廟中搶頭香一樣，爭先恐後，時有肇事

及爭吵情事發生。

為改善此一亂像，我請航空站，在機場入口前的二十公尺處，用瀝青在路面上鋪起一條三公分高、十公分寬之跳動路障，使車輛自動減速，鋪設後立即生效，但部分車盤低之車輛，則有受損情事，乃到航警所抗議及要求賠償，招來很大痲煩。我請航空站再將瀝青路面降低，並劃上斑馬線後，車一進入機場入口，即看到路面之瀝青路障，從此即再無爭先恐後之情事發生，機場入口混亂之現象像即得到解決。

在機場航廈正面，各種車輛爭先搶停車位之亂象，的確是個很難解決之問題，為此我每天一早，即到機場，站在航廈對面觀察，約一週之久，有時下毛毛雨亦不以為意，所以航廈搬運工人，一看到我在航廈對面監視，即指著我說：看！那個神經病又來了。

不管別人怎樣看我，然在我觀察很久後，即發現問題之所在。原因是航廈正面，入出境旅客都擠在一齊上下車，誰先搶到停車位，誰就可以先出入機場。

我了解原因後，乃提出下列改革腹案：

1 在航廈正面，劃分入出境旅客、上下車停車位置，並在航廈牌樓正面，用大字招牌書明「上車處」與「下車處」，使車輛一進機場入口，即可看到在何處下車，何處上車，使車輛不可亂停。

2 下車處，設在航廈正面右邊；出機場處，專供出境旅客停車之用。旅客下車後，要立即開出機場，不得停留，否則即由警員取締處罰。

3 上車處，專供入境旅客停車之用；並劃分大客車，小客車，計程車，個別停車位置，在路面劃明標線，由警員管制，不准亂停，否則即予嚴罰。

4 對計程車管理，針對計程車所發生之不法行為，我提出管理方式如下：

(1) 製訂國際機場營業計程車管理辦法，依法管理。

(2) 為維護入出境旅客安全，對在機場載客營業之計程車，實施設限、登記、發證管理。

(3) 對在機場營業計程車駕駛人，應作素行調查，凡有受刑事處分之殺人、傷害、詐欺、竊盜、強盜、強姦、煙毒等犯罪紀錄者，不准在機場登記營業。

並依上項原則，擬訂「台北國際機場營業計程車管理辦法」草案，經所務會報研討，認為可行後，報民航局，再由民航局召有關機關研討通過後，報請行政院令頒實施。

上項辦法實施後，即收立竿見影之效，台北國際機場之交通亂象即獲改善。

值得一提者，按當時在我國機場，尚無劃分入出境旅客分區上下車之規定，所以有同樣問題之單位，如台北火車站等，竟到本所參觀借鏡，實為意想不到之事。

再如我初次在機場入口，所設之瀝青柏油跳動路障，不久即有廠商，製成同樣之塑膠路障，在巷弄，及社區普遍使用，可說對交通安全頗有助益。

(二)對取締風化女郎及黃牛在機場拉客問題

因航警所成立，新調入之基層警員，全部為警校新畢業之學生，無實際執行警察工作之經驗，雖在執勤前作任務講習，但到達現場，仍不知如何著手，我只有親自帶頭執行。

經連續查獲北投有照之綠燈戶女郎數十人，均予違警處罰拘留，之後，即再無北投女郎前來機場拉客。

然警員對風化女郎之認知，時有誤判，引出不少事端，例有一立法委員女兒，自美留學回國，其外國男友到台灣與其相會，立委女兒在機場大廳接到其男友後，即擁抱熱吻，警員即認其為應召女郎，將其帶所訊問。

立委女兒隨即電告其父。立委到航警所後，一進門即喊找所長講話。

所長聽到，立即出來探視。立委即說，我是立法委員，我女兒犯了何法，你們將她帶來問話！其女亦哭告立委說，警察污辱她，說她是應召女郎。

所長一聽即知是警員誤判，立刻向立委道歉，並說，執行勤務之警員，都是警校新畢業之學生，而且大多為鄉下人，不懂外國風俗，所以才有此誤認，並向立委報告說，取締機場風化女郎拉客，因受國內外媒體之渲染，影響國家聲譽，上級責令嚴加取締，所以警員才緊張誤判。

立委則說：這些我知道，但你們執行不能亂來，影響他人名譽。

所長乃一再向立委道歉，並說對警員將加強教育，不使再有此類情事發生。立委始消氣將女兒帶回。

再對機場旅館黃牛拉客問題，因影響國際觀光旅遊聲譽至大，乃召旅館業公會，及觀光旅館等開會研討，經一致決議，由航警所制訂旅館業，接送入出境旅客代表管理規定，凡在機場接送旅客之代表，由航警所發證，並劃定接客區，由配證代表，在接客區接送旅客，如發現無證者在接客區停留者，即由配證代表通知警員取締。

此項規定實施後，旅館黃牛立即絕跡。

至此，國際機場交通秩序大亂、應召女郎及旅館黃牛拉客，以及計程車之惡行等，已全部獲得改善，也消除了國內外之不良觀感。

朋友則說：你能想盡辦法將台北國際機場這些受人詬病的大問

題，都一一改善，可說為國家爭回顏面，而你這種吃苦耐勞，實幹硬幹的精神，也值得加分。你能獲得神經病的稱號，可說是實至名歸，值得向你道賀。

我說：你不要罵我了，其實以上這些改革事項，都不是我一個人所能做到的，可說全是由長官指導，再加有關單位與同事的協助合作，才能有此成果。

二十七、辦理航警所改制案

航空警察所成立之初，乃屬地方警察機構，與世界各國際機場航空警察，均屬中央建制相比，則相形見絀。同時對中央機關之民航局，則不能直接溝通，須經過上級行文，始能辦事，因而甚感不便。民航局指示，應向警政署申請修改為中央建制。

所長將民航局指示向署長報告後，署長亦認為確有必要，並指示速提修改編制案報核。

因上項組織編制業務係屬一般行政，由我所承辦，課長即要我草擬改制案提報。因此事甚大，非我之所見所聞，根本無從著手，乃請課長另派他人承辦。

課長則安慰我說：不要怕，此事我以前也未辦過，不過我們可以參考其他單位之改制案辦理。並說：台北市警察局，以前也屬地方機構，改為院轄市後，始改為中央建制，我們可借閱其改制案原文，參考辦理。

課長即帶我至台北市警局第一科接洽，科長很熱心，立刻要承辦股長，將改制檔案調出，由課長與我詳閱，對其中重要部分，亦由我抄寫帶回。

我們對台北市警局改制案熟悉後，即依照航警所之實際需求，擬訂台北國際機場航空警察所，改制為直屬警政署之航空警察局草案報核，再由警政署報行政院核定令頒實施。

改制為航空警察局後，編制擴大，局長仍由第二任航空警察所長裴震轉任，其他各科室主管，均由其他單位升遷調入。航警所升遷人員，依警察內規，也必須外調其他單位，我被列入調升人員，惟以家庭及女子就學問題，不願外調，請求放棄升職。局長從寬，將我調為秘書室科員，使我擺脫了承辦之繁重業務。

二十八、接辦警總協調中心任務

政府宣佈解嚴後，將警備總部、台北國際機場、執行入出境旅客，及客貨機安全檢查任務之協調中心裁撤，全部業務移交航空警察局接辦。

在交接過渡時期，機場安檢工作仍由原警總人員持續執行。航警局接辦後，再將原有警總人員，納入正式警察編制，執行安檢任務。

航空警察局奉命後，不久竟派我為台北分局安檢組長，兼安檢隊長。由我一人接管協調中心工作。

然協調中心之組織龐大，主任為少將缺，中心主管均上中校，各機場安檢組長均為中校。執行安檢勤務之小組長為少校，檢查員均為上、中、少尉官，全部兩百餘人，再加百餘名約雇人員，可說人員龐雜很難掌握。

我到協調中心時，除主任一人調回警總外，內部有副主任、參謀主任、政戰主任三人均上校，其他業務人員為中少校，因我並非軍職人員，很難獲得認同。我一到中心，立即招致不滿，並聲言將我趕走，後經警總疏導，並透露我雖為中央警官學校出身，但也曾在革命實踐研究院，政戰學校，警總幹訓班受訓當過自治隊長，可說不是外人。

至此中心人員乃不再抗拒，並將我視為自己人，而與我密切配合，順利達成接管工作。

在過渡時期，除少數不願轉任警察職務，自願退伍外，其餘均全部轉為正式警察職務，持續執行安檢工作。

我因對安檢工作，初次接辦，並不深入了解各單位之實際工作情形，決意親往各安檢勤務重點查看。

首先觀察派在各航空公司旅客行李檢查櫃台，見安檢人員對X光之透視檢查，甚為熟練認真。

再對旅客登機，搜身金屬門偵測，隨身手提行李檢查，儀器透視，均甚熟練認真。

對檢查發現有問題之旅客，均作復測及細檢甚為確實。

我對機場安檢工作執行情形，實際了解後，即赴各機場巡視。各機場之安檢組，組長仍為原警總中校軍官擔任，志願轉為警察職務後，仍持續擔任安檢組組長，認真執行安檢工作，無任何疏失之處，我特別向他們稱讚慰問。

在本島各機場，如台中、花蓮、台東等機場，我巡視時，多當日即返，外島如馬公、蘭嶼、綠島等機場，除受氣候影響外，亦當日即返。

我赴各機場巡視之機票，全由民航局負擔。各航空公司亦全照價收款。

我自接辦警總協調中心任務後，即一直在國際機場執行安檢工作。其間曾對金門戰地之軍機載客，轉換為民航接辦，及籌設金門航空警察分駐等，都親身參與。

如是在航空警察局，執行國際機場安檢工作，直到退休為止，始結束了我當初最恨，而後變成我平生最愛的警察工作。

到此朋友才嘆了口氣說：聽過你在許多警察單位，和不同地區的經過之後，真使人嘆為觀止。

他並說：不止是你個人，我對你們全體警察人員，這種任勞、任怨、任謗，和不受他人諒解的不公平對待，實在令人感動和敬佩。

我說：謝謝你的讚許！如果社會上多一些像你這樣了解警察工作的人，對警察人員的精神和士氣，必更加提振，對警察工作的執行，也必更加積極和有效率。

我說：談了這麼久，你也該聽累了吧！

朋友又說；聽過你這些奇情怪事，就像在看驚嘆小說一樣，使人回味無窮，你不妨將這些經過寫出，讓大家都能了解你們警察工作的真相，則不失為一大善事。

我聽了朋友的建議後，雖覺得很有道理，但卻想到，這些都是我一個人的工作回憶，實不值得對外宣揚，於是便不再理會。

直到有一天，與我一同赴東北，在途中談話的好友汪仲民患病住院，我去探望時，他竟提問：有無將兩人談話寫出時，我才想到。但只好安慰他說：我正計畫在寫。

然相隔不久，好友汪仲民，竟於一〇五年四月逝世！在沉痛之下，為追念好友，以及完成他之所願，因此決意不顧顏厚，及不怕人譏笑，乃匆匆粗糙寫出，同時並期望，能以此獲得社會大眾，對執行警察工作人員之諒解和支持，使社會獲得長治久安，全民都享有幸福快樂的生活，則於願足矣！

二十九、最後的話

這本《星空夜語》，是我同朋友，在旅途中所談，我個人在警察工作中的些許片斷回憶，由於時代背景之不同，涵蓋戒嚴，與解嚴兩個時期。其中所有情節，如今已是事過境遷，實不能與現今，日新月異，快速繁重之警察工作，相提並論，這些過眼雲煙，只能作飯後笑談，絕不可依之效法，而招致損害。

由於個人學識淺薄，經驗不足，又不善寫作，在文中用辭不當，言不盡意，失誤之處必多，尚祈社會賢達，賜予指正是感。

一〇五年九月耿培生於台北市

作者：耿培生，山東桓台，一九二五年生。

中央警官學校正科二十一期

曾任警員、巡佐、巡官、所長、科員、隊長、組長

喜愛詩書畫藝術，曾任書畫會理事長，詩社社長，出版書畫集，詩集。

文化生活叢書·詩文叢集 1301036

星空夜語

作　　者　耿培生
責任編輯　蔡雅如
特約校稿　林秋芬

發 行 人　陳滿銘
總 經 理　梁錦興
總 編 輯　陳滿銘
副總編輯　張晏瑞
編 輯 所　萬卷樓圖書(股)公司
排　　版　林曉敏
印　　刷　百通科技(股)公司
封面設計　百通科技(股)公司

發　　行　萬卷樓圖書(股)公司
臺北市羅斯福路二段 41 號 6 樓之 3
電話 (02)23216565
傳真 (02)23218698
電郵 SERVICE@WANJUAN.COM.TW
大陸經銷
廈門外圖臺灣書店有限公司
電郵 JKB188@188.COM
香港經銷
香港聯合書刊物流有限公司
電話 (852)21502100
傳真 (852)23560735

ISBN 978-986-478-064-8
2017 年 3 月初版一刷
定價：新臺幣 160 元

如何購買本書：
1. 劃撥購書，請透過以下帳號
帳號：15624015
戶名：萬卷樓圖書股份有限公司
2. 轉帳購書，請透過以下帳戶
合作金庫銀行 古亭分行
戶名：萬卷樓圖書股份有限公司
帳號：0877717092596
3. 網路購書，請透過萬卷樓網站
網址 WWW.WANJUAN.COM.TW
大量購書，請直接聯繫，將有專人為您服務。(02)23216565 分機 10

如有缺頁、破損或裝訂錯誤，請寄回更換

國家圖書館出版品預行編目資料

星空夜語 / 耿培生著. -- 初版. -- 臺北市 : 萬卷樓, 2017.03
面； 公分. -- (文化生活叢書. 詩文叢集)
ISBN 978-986-478-064-8(平裝)
1.耿培生 2.警察 3.回憶錄
783.3886　　106002261